3.-6. Schuljahr　　　　**Birgit Brandenburg**

D1722469

Lernwerkstatt
Wolf, Hund & Co

Die Familie der Hunde näher beleuchtet

Lernen mit Erfolg
KOHL VERLAG
www.kohlverlag.de

Wolf, Hund & Co
Die Familie der Hunde näher beleuchtet

7. Auflage 2021

© Kohl-Verlag, Kerpen 2016
Alle Rechte vorbehalten.

<u>Inhalt</u>: Birgit Brandenburg
<u>Coverbild</u>: © hkuchera - fotolia.com
<u>Grafik & Satz</u>: Eva-Maria Noack & Kohl-Verlag
<u>Druck</u>: farbo prepress GmbH, Köln
<u>Bildnachweise</u>:

Bestell-Nr. 11 862

ISBN: 978-3-95686-462-9

Unsere Lizenzmodelle

Der vorliegende Band ist eine Print-<u>Einzellizenz</u>

Sie wollen unsere Kopiervorlagen auch digital nutzen? Kein Problem – fast das gesamte KOHL-Sortiment ist auch sofort als PDF-Download erhältlich! Wir haben verschiedene Lizenzmodelle zur Auswahl:

	Print-Version	PDF-Einzellizenz	PDF-Schullizenz	Kombipaket Print & PDF-Einzellizenz	Kombipaket Print & PDF-Schullizenz
Unbefristete Nutzung der Materialien	X	X	X	X	X
Vervielfältigung, Weitergabe und Einsatz der Materialien im eigenen Unterricht	X	X	X	X	X
Nutzung der Materialien durch alle Lehrkräfte des Kollegiums an der lizensierten Schule			X		X
Einstellen des Materials im Intranet oder Schulserver der Institution			X		X

Die erweiterten Lizenzmodelle zu diesem Titel sind jederzeit im Online-Shop unter www.kohlverlag.de erhältlich.

Inhaltsverzeichnis

Wolf, Hund & Co

Seiten

Vorwort 4

1   **Der Wolf kehrt heim** 5–6

2   **Wölfe zurück in Deutschland** 7

3   **Und DAS bin ich!** 8

4   **Leben mit dem Wolf** 9

5   **Sagen, Märchen und Aberglaube** 10

6   **Wölfische Redewendungen** 11

7   **Talkshow mit Lupus** 12–14

8   **Lernen mit euch zu leben** 15

9   **Friedliches Zusammenleben** 16–17

10   **Großer Wissenstest rund um den Wolf** 18–19

11   **Fotostrecke** 20

12   **Wie kommt der Wolf zum Dackel?** 21–23

13   **Interessante Einzelteile** 24

14   **Mit allen Sinnen** 25–26

15   **Berufstätige Hunde** 27

16   **Jagdhunde** 28–29

17   **Servicehunde** 30–32

18   **Hirtenhunde** 33–34

19   **Diensthunde** 35–36

20   **Gesellschaftshunde** 37–38

21   **Hundesport** 39–40

22   **Seltsame Verwandte** 41

23   **Die Lösungen** 42–48

Lernwerkstatt WOLF, HUND & CO
Die Familie der Hunde näher beleuchtet   –   Bestell-Nr. 11 862

KOHL VERLAG

Liebe Kolleginnen und Kollegen,

nachdem der Wolf verjagt und nahezu ausgerottet wurde, kehrt er langsam wieder in unseren Lebensraum zurück. Die Wiederansiedelung im europäischen Raum glückt allmählich. Dagegen ist der Hund seit Jahrhunderten der treueste Begleiter des Menschen. Vom Blindenhund, Spürhund, Suchhund zum Hütehund erfüllt er viele verschiede Aufgaben.

Das Konzept

Die Schüler* setzen sich in Texten und Aufgaben mit dem Thema *Wolf* intensiv auseinander. Bisher haben die meisten Kinder nur von der Rückkehr des Wolfes erfahren, vielleicht noch reißerische Schlagzeilen in der Presse mitbekommen und verbinden automatisch Ängste damit, weil sie durch Märchen und Sagen ein negatives Bild von ihm bekommen haben.

Die Auseinandersetzung mit dem Thema soll ihnen bewusst machen, dass nicht nur wir mit dem Wolf, sondern auch der Wolf mit uns lernen muss zu leben. Einblicke in die Eigenschaften, Verhaltens- und Lebensweise sollen die Schüler befähigen, Ängste zu überwinden und Vorurteile anderer gegenüber dem Wolf kritisch zu beurteilen.

Fotos und eine Fotostrecke soll den Kindern zeigen, wie ein Wolf aussieht, denn wohl keiner hat bisher einen in natura gesehen. Die Fotos dienen auch dazu, ihn beim Spaziergang nicht mit ähnlich aussehenden Hunden, wie z. B. dem Husky, zu verwechseln.

Der Wolf wurde domestiziert und für die Jagd eingesetzt. Durch Eingreifen des Menschen entstanden die heutigen verschiedenen Hunderassen. Die gebräuchlichsten Hunderassen sind den Schülern bekannt, weniger aber, dass sie ebenfalls für Arbeitsleistungen gezüchtet wurden, weil sie heute in erster Linie als Begleithunde für den Menschen existieren und auch als das von den Kindern angesehen werden.

Die Schüler erfahren, für welche Arbeitsleistungen Hunde eingesetzt werden können und wie schwierig und langwierig die Ausbildung für die heute noch „berufstätigen" Hunde ist. Sie werden sich daran erinnern, wenn sie in den Nachrichten Bilder von Drogenspürhunden, Mantrailern oder Rettungshunden in Katastrophengebieten sehen.

Es wünschen Ihnen und Ihren Schülern viel Spaß und Erfolg bei der Bearbeitung der Lernwerkstatt das Team des Kohl-Verlags und

Birgit Brandenburg

*Mit Schülern bzw. Lehrern sind im ganzen Band selbstverständlich auch die Schülerinnen und Lehrerinnen gemeint.

⋯⋯⋯⋯⋯⋯⋯⋯⋯⋯⋯⋯⋯⋯⋯⋯⋯⋯⋯⋯⋯⋯⋯

Bedeutung der Symbole:

 Einzelarbeit

 Partnerarbeit

 Schreibe in dein Heft/ in deinen Ordner

 Arbeiten mit der ganzen Gruppe

Lernwerkstatt WOLF, HUND & CO
Die Familie der Hunde näher beleuchtet – Bestell-Nr. 11 862

1   Der Wolf kehrt heim

Vor tausenden von Jahren ...

Eine Gruppe von Nomaden sitzt um ein Lagerfeuer. Sie bereitet ihre erlegte Beute zu einer Mahlzeit zu. In einiger Entfernung lauert ein Rudel Wölfe. Ohne Angst verzehren die Menschen ihre Mahlzeit. Sie wissen, dass es die Wölfe nicht auf sie, sondern auf die Knochenreste abgesehen haben, die sie am Lagerfeuer zurücklassen. Die Wölfe werden den Nomaden auf ihren Streifzügen weiter folgen. Beide profitieren von dieser besonderen Beziehung auf Abstand.

Aufgabe 1:   *Worin profitierten beide Seiten? Notiere.*

_____

_____

Vor hunderten von Jahren …

Der Wolf war über ganz Europa verbreitet. Die Menschen wurden sesshaft und begannen, wild lebende Tiere zu domestiezieren. Die Viehherden dienten als lebende Vorratskammern zur Sicherung der Nahrung. Der Wolf als Raubtier stand nun den Interessen der Menschen entgegen, weil er Vieh zur eigenen Ernährung aus den Herden riss. **Das positive Image des Wolfes wandelte sich ins Negative.** Er wurde verfolgt und abgeschossen und auf diese Weise dezimiert. In West- und Mitteleuropa war er nahezu ausgerottet, konnte aber im Osten und Südosten Europas und in kleinen Regionen Italiens und Spaniens überleben.

Vor einigen von Jahren …

Inzwischen ist der Wolf in den meisten Ländern geschützt, sodass er sich vom Osten und Südosten aus wieder über Europa ausbreiten konnte. Heute leben wieder ca. 20.000 Wölfe in Europa. Der Wolf ist in seine ehemaligen Gebiete heimgekehrt.

Aufgabe 2:   *Finde 5 Adjektive für das negative Image des Wolfes.*

_____

_____

Lernwerkstatt WOLF, HUND & CO – Bestell-Nr. 11 862
Die Familie der Hunde näher beleuchtet

KOHL VERLAG

 Aufgabe 3: *Die schraffierten Gebiete zeigen, wo in Europa Wölfe vorkommen. Suche mindestens fünf Länder auf dem Atlas und notiere sie.*

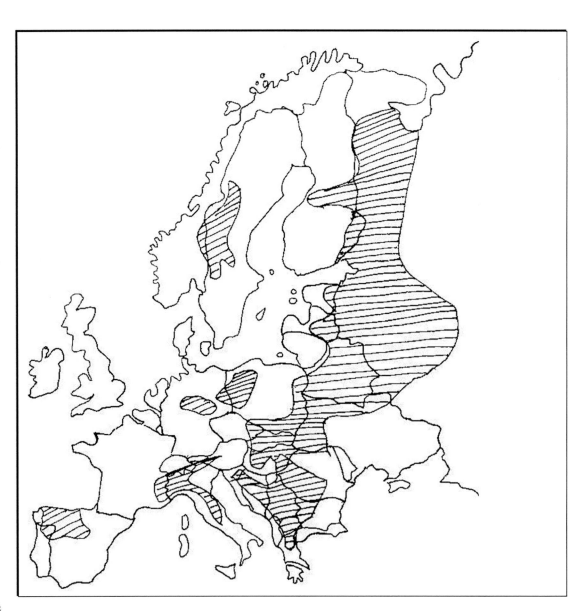

 Aufgabe 4: *In welchen Ländern befinden sich die meisten Wölfe? Notiere.*

Lernwerkstatt WOLF, HUND & CO
Die Familie der Hunde näher beleuchtet   –   Bestell-Nr. 11 862

Über 160 Jahre waren die Wölfe aus Deutschland verschwunden. Nun sind sie wieder bei uns heimisch. Die meisten Wölfe leben im Osten unseres Landes.

Aufgabe 1: *Notiere die Namen der Bundesländer **mit** Wölfen.*
Dabei kann dir dein Atlas sehr hilfreich sein.

_____

_____

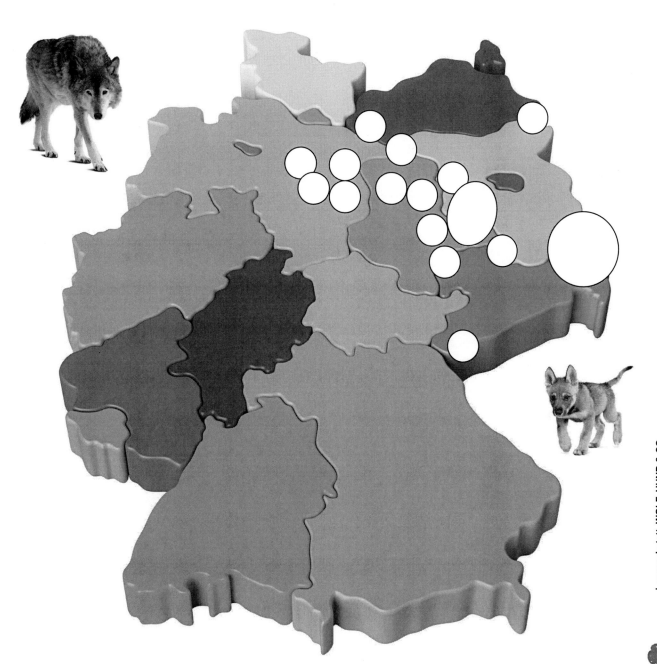

Lernwerkstatt WOLF, HUND & CO
Die Familie der Hunde näher beleuchtet — Bestell-Nr. 11 862

KOHL VERLAG

3 Und DAS bin ich!

Aufgabe 1: *Trage die passenden Wolfs-Werte in die Zeichnung ein.*

30 – 50

30 – 75

60 – 90

42

100 – 150

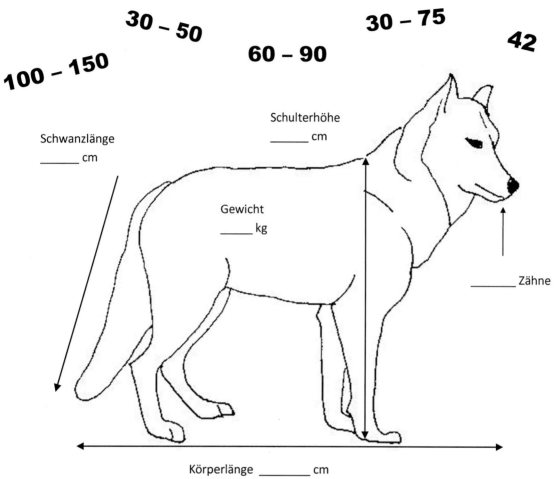

Schwanzlänge

_____ cm

Schulterhöhe

_____ cm

Gewicht

_____ kg

_____ Zähne

Körperlänge _____ cm

Aufgabe 2: *Besorgt euch ein Stück Kreide. Zeichnet die Umrisse des Wolfs mit den Originalmaßen auf den Boden. Nehmt dazu Mittelwerte.*

Besonders im Mittelalter wurde der **Irische Wolfshund** zur Jagd auf den Wolf eingesetzt. Er hatte maßgeblichen Anteil an der Ausrottung der Wölfe. Der Irische Wolfshund ist ein Windhund und der größte Hund der Welt mit einer Schulterhöhe bis zu 100 cm, aber mit einem Gewicht von nur 54 kg.

Aufgabe 3: *Warum setzte man gerade den Irischen Wolfshund bei der Jagd auf Wölfe ein? Schreibe ins Heft / in deinen Ordner.*

Lernwerkstatt WOLF, HUND & CO
Die Familie der Hunde näher beleuchtet – Bestell-Nr. 11 862
KOHL VERLAG Lernen mit Erfolg

4   Leben mit dem Wolf

Tierschützer freuen sich, dass der Wolf wieder bei uns heimisch wird. Auch der größte Teil der **Bevölkerung** befürwortet die Wölfe, allerdings mit gemischten Gefühlen.
Angstmachende Schlagzeilen und Berichte in der Presse schüren die Unsicherheiten der Menschen und sorgen für höhere Auflagen der Zeitungen.
Das freut die Kasse der Presse.

Wolfsrudel steht vor Stadthausen!

Wölfe streifen nachts durch Wohngebiet

Wolf reißt Hund von der Leine des Besitzers!

Etwa 300 Wölfe leben wieder in Deutschland, die sich langsam weiter nach Westen ausbreiten. Zwei Jahre nach ihrer Geburt verlassen die Jungtiere ihr Rudel und suchen sich neue Reviere.
Auf dieser Wanderschaft treffen Wolf und Mensch immer wieder aufeinander.
Wir Menschen sind unsicher, wie wir uns verhalten sollen. Nach 160 Jahren wolfsfreiem Deutschland haben wir keine Erfahrungen mit ihm.
Wir müssen erst wieder lernen, mit dem Wolf zu leben.

Aufgabe 1:   *Notiere noch mindestens drei angstmachende Schlagzeilen.*

1. _____

2. _____

3. _____

Mit den Wölfen kehren alte Ängste bei den Menschen zurück.

Der **30. April** wurde zum **Tag des Wolfes** erklärt. An diesem Tag soll jedes Jahr über **Lebens- und Verhaltensweisen** des Wolfes aufgeklärt werden, um bei den Menschen für mehr Verständnis zu werben.

Aufgabe 2:   *Erinnere dich, wann der Wolf ein negatives Image erhielt! Notiere.*

_____

Lernwerkstatt WOLF, HUND & CO
Die Familie der Hunde näher beleuchtet   –   Bestell-Nr. 11 862

5   Sagen, Märchen und Aberglaube

Der Wolf taucht in vielen **Geschichten** auf. Als die Menschen noch nicht sesshaft waren, waren die Erzählungen positiv. Erst als die Menschen sich als Siedler niederließen und Rinder-, Ziegen- und Schafherden hielten, wurde der Wolf zur Gefahr für die Herden und als **gefährlich und böse** dargestellt.

Die **Zwillinge Romulus und Remus** gründeten der Sage nach die Stadt **Rom** (Hauptstadt Italiens). Als Kleinkinder wurden sie Waisen und in der Wüste ausgesetzt. Eine **Wölfin** nahm sich der Zwillinge an und säugte sie, sodass sie überlebten. Seither ist eine Wölfin das **Wahrzeichen von Rom**.

Aufgabe 1:   *Notiere in ganzen Sätzen aus welcher Zeit nach dem obigen Text die Sage stammt.*

_____

_____

In **alten Büchern** wird der Wolf als sehr **gefährlich, gefräßig, grausam und hinterlistig** beschrieben. Mit diesen Eigenschaften taucht er auch in Märchen und Fabeln auf.

Aufgabe 2:   *Nenne zwei Märchen, in denen der Wolf eine üble Rolle spielt.*

_____

Früher war der **Aberglaube** bei den Menschen weit verbreitet, der auch vor dem „bösen Wolf" nicht haltmachte. So glaubte man, dass sich Menschen in Vollmondnächten in einen **Werwolf** verwandeln konnten. Dieser **Aberglaube** ist natürlich **völlig unsinnig**. Heute nehmen höchstens **Horrorfilme** noch den Werwolf als Vorlage.

Aufgabe 3:   *Was sagt der Aberglaube darüber aus, wie die Menschen den Wolf einstuften? Schreibe ins Heft/in deinen Ordner.*

Lernwerkstatt WOLF, HUND & CO
Die Familie der Hunde näher beleuchtet   –   Bestell-Nr. 11 862
KOHL VERLAG

Aufgabe 1: *Der Wolf kommt in vielen Redewendungen vor.*
Schneide die Karten aus und klebe jede Redewendung mit
ihrer Bedeutung nebeneinander auf ein Blatt/in dein Heft.

1 Man sucht sich einen Wolf.	**A** sich anpassen – nicht aus der Reihe tanzen
2 Der/Die ist ein Wolf im Schafspelz.	**B** sehr großen Hunger haben
3 Man meint, man sei unter die Wölfe geraten.	**C** ein Einzelgänger, ein Außenseiter
4 Man hat Hunger wie ein Wolf.	**D** Etwas lange und ohne Erfolg suchen.
5 Der einsame Wolf	**E** Man ist in schlechte Gesellschaft geraten.
6 Man heult mit den Wölfen.	**F** Ein böser Mensch, der sich harmlos gibt.

Aufgabe 2:

Zu welcher Redewendung
passt das Bild? Zeichne selbst
ein Bild zu einer Redewendung.

Lernwerkstatt WOLF, HUND & CO – Bestell-Nr. 11 862
Die Familie der Hunde näher beleuchtet

KOHL VERLAG

7   Talkshow mit Lupus

Mein Name ist **Lupus** und ich bin, wie ihr auf dem **Foto** seht, ein bildhübscher **Wolf**.

Ich lade euch zu einer **Talkshow** ein. Ihr könnt mir **Fragen** stellen, die ich gerne beantworten werde.

Aufgabe 1:   *Manchmal habe ich Lücken in meinen Antworten gelassen, die ihr mit den Wörtern aus dem Wörterspeicher auffüllen müsst.*

Reviere – Familien – Jungtiere – Rudel – Plan – Wölfin

Frage 1:   **Hast du eine Familie?**

Wir Wölfe leben in kleinen ✎_____ , die man Rudel nennt.

Ein _____ besteht aus mir, meiner _____ , den Welpen und

den Jungtieren vom vorigen Jahr. Zusammen sind wir etwa fünf bis zehn Tiere.

Wenn unsere _____ etwa

20 Monate alt sind, wird es Zeit, dass sie

selbstständig werden und sich eigene

_____ suchen. Auf der Suche

streifen sie dann erst mal ohne _____

viele hunderte Kilometer durchs Land.

Ernährung – Größe – Revier – Welpen – Töchter

Frage 2:   **Wie groß ist das Revier, in dem dein Rudel lebt?**

Ich brauche für mein Rudel ein _____ von etwa

250 bis 350 km². Das sind ungefähr 40.000 Fußballfelder.

Die _____ richtet sich nach dem Nahrungsangebot, also

wie viele Tiere wir zu unserer _____ jagen können. Wir müssen

viele hungrige Mäuler satt bekommen, besonders wenn wir _____ haben.

Das Foto zeigt eine meiner _____ .

Lernwerkstatt WOLF, HUND & CO   Die Familie der Hunde näher beleuchtet   –   Bestell-Nr. 11 862

KOHL VERLAG

Frage 3: **Was jagt dein Rudel?**

Wir sind nicht wählerisch, denn wir jagen einfach alles, was sich fressen lässt. Wenn es nicht anders geht, nehmen wir auch Kleinkram wie Hasen, Vögel und Mäuse. Doch wir bevorzugen Hirsche, Rehe und Wildschweine. Im Sommer kommen auch Obst und Beeren auf den Speiseplan.

Frage 4: **Wie viel Nahrung braucht ihr am Tag?**

Von unseren Erwachsenen braucht jeder etwa 3 kg Fleisch am Tag. Aber wir verdrücken gerne noch das eine oder andere Kilogramm Fleisch mehr.

Frage 5: **Jagt jeder aus deinem Rudel alleine?**

Wir jagen gemeinsam, denn nur gemeinsam können wir so große Tiere wie z. B. Wildschweine erlegen. Die älteren Jungtiere helfen uns bei der Jagd und bei der Versorgung der Welpen.

Frage 6: **Wie spürt ihr eure Beute auf?**

Wir haben besonders gut entwickelte Sinnesorgane. Sie sind viel leistungsfähiger als die des Menschen. Wir haben sehr scharfe Augen sogar im Dunkeln. Unser Gehör und unser Geruchssinn sind so fein, dass wir das Wild kilometerweit ausmachen können.

Frage 7: **Wie zieht ihr eure Welpen groß?**

Während wir alle auf die Jagd gehen, bleibt meine Wölfin bei unseren Welpen. Das Kinderzimmer ist eine gut versteckte Höhle. Aber manchmal bleibt noch zusätzlich ein Aufpasser vor dem Versteck zurück. Die Welpen müssen lernen, was fressbar ist, wie man jagt und wie wir uns in unserer Wolfssprache verständigen.

Lernwerkstatt WOLF, HUND & CO
Die Familie der Hunde näher beleuchtet — Bestell-Nr. 11 862

KOHL VERLAG

Aufgabe 2:   *Löse das Kreuzworträtsel. Die Buchstaben in den grauen Kästchen ergeben ein Lösungswort.*

ß = ss
ö = oe

Lösungswort: _ _ _ _ _ _ _ _

waagerecht

1   Maßeinheit des Gewichtes
2   So holen sie sich die Beute
3   Das sagte Lupus zu kleiner Beute
4   Die Tiere gehören zur kleinen Beute
5   Große grunzende Beutetiere (Mz.)
6   Das ist der Nachwuchs der Wölfe
7   40.000 davon ist ein Revier groß
8   Das rissen die Wölfe aus der Herde
9   So jagen die Wölfe
10 Das ist beim Wolf gut ausgebildet
11 Der besondere Sinn zum Riechen

senkrecht

a) Große Beutetiere mit Geweih (Mz.)
b) Wölfe nach dem Welpenalter
c) Diese Beute ist … bar
d) Davon braucht er 3 kg am Tag
e) Dabei helfen die Jungtiere
f) Darin unterhalten sich die Wölfe
g) Im Sommer auf dem Speiseplan
h) Das Ergebnis erfolgreicher Jagd
i) Lebensraum eines Rudels
j) Große Beutetiere (Mz.)
k) Im Sommer auf dem Speiseplan
l) Wolfsfamilie

Lernwerkstatt WOLF, HUND & CO
Die Familie der Hunde näher beleuchtet   –   Bestell-Nr. 11 862
KOHL VERLAG

Aufgabe 1: *Lies den Brief von Lupus.*

Liebe Menschen,

wie ihr wisst, können unsere Ohren weit hören und sie hören von euch: „Wir müssen wieder lernen, mit den Wölfen zu leben."

Vor über 150 Jahre haben sich die von uns, die noch übrig waren, aus eurem Land zurückgezogen. Nun sind etwa 300 von uns zurückgekehrt. Es gibt in Deutschland zwar genug Lebensraum für uns, aber es hat sich in der Zeit viel verändert.

Vor über 150 Jahren gab es noch keine schnellen Blechkisten auf vier Rädern, sondern Kutschen, deren Gerumpel wir schon von weitem hörten. Es gab noch nicht die breiten Wege, die Deutschland überall durchziehen und auf denen diese Blechkisten sogar nebeneinander rasen dürfen. Auch strampelten die Menschen nicht mit so seltsamen Zweirädern in hoher Geschwindigkeit bergauf und bergab durch den Wald. In den Städten gab es weniger große und hohe Steinhaufen, in denen jetzt so viele Menschen leben. Ich gebe zu, dass wir uns schon mal ein Tier aus einer Herde von Nutztieren holen. Das ist leichtere Beute für uns, als die Jagd auf frei lebendes Wild. Das ärgert die Bauern, aber woher sollen wir wissen, dass diese „Beute" nicht erlaubt ist!

Wir, die Wölfe, müssen auch wieder lernen, mit den Menschen zu leben.

Viele Grüße
    von Lupus

Aufgabe 2: *Schreibe in ganzen Sätzen, woran sich die Wölfe heute gewöhnen müssen.*

9 Friedliches Zusammenleben

Damit Mensch und Wolf friedlich zusammenleben können, brauchen wir Regeln und Schutzmaßnahmen. Wölfe sind scheu und ziehen sich vor dem Menschen zurück. Der Wolf ist für den Menschen also nicht gefährlich, denn der Mensch gehört nicht zu der „Beute" des Wolfs.

Aufgabe 1: *Lies die Regeln, wie du dich bei einer Begegnung mit einem Wolf verhalten sollst. Schneide die Karten aus und klebe Regeln und passende Erklärungen auf ein Blatt/in dein Heft.*

Regeln	**Erklärungen**
1. Bleib stehen und verhalte dich ganz ruhig. Der Wolf muss sich zurückziehen können.	a) Der Wolf versteht die Geste nicht. Er könnte sich angegriffen fühlen. An seine Welpen lässt er keinen. Das würde er sehr übel nehmen.
2. Klatsche in die Hände, rufe ihn laut an, fuchtele mit den Armen, wenn du den Wolf vertreiben willst.	b) Der Wolf fühlt sich bedrängt und verunsichert, weil er die Situation nicht deuten kann.
3. Renne niemals vor einem Wolf weg, sondern gehe langsam rückwärts.	c) Der Wolf betrachtet deinen Hund als Eindringling in sein Revier.
4. Versuche niemals einen Wolf oder gar seine Welpen anzufassen. Der Wolf ist kein Haushund sondern ein Wildtier.	d) Der Wolf fühlt sich sonst wie jedes Tier in die Enge getrieben und kann angreifen, um sich einen Fluchtweg zu bahnen.
5. Leine deinen Hund im Waldgebiet, wo sich Wölfe aufhalten, an.	e) Der Wolf jagt fliehendes Wild. Flucht weckt seinen Jagdtrieb. Zieht er sich auch durch Lärm nicht zurück, hat er vielleicht Welpen in der Nähe.
6. Verfolge niemals einen Wolf. Der Wolf ist sowieso schneller als du.	f) Wölfe sind scheue Tiere und mögen keinen Lärm. Sie ziehen sich dann schnell zurück.

Lernwerkstatt WOLF, HUND & CO
Die Familie der Hunde näher beleuchtet – Bestell-Nr. 11 862

KOHL VERLAG

Als Raubtier ernährt sich der Wolf zum Leid der Bauern hauptsächlich von Fleisch. Im Wald jagt er einem Rudel Rotwild hinterher und erlegt ein Tier. Anders sieht es bei Nutztieren, wie z.B. Schafen aus. Eine Herde Schafe ist für den Wolf eine bequeme Beute, weil er sie nicht jagen muss. Holt er sich ein Tier, entsteht dem Bauern ein Schaden. Der Wolf steht unter Naturschutz und darf nicht gejagt werden. Der Bauer bekommt den Schaden in den meisten Bundesländern ersetzt.

Aufgabe 2: *Lies die reißerische Schlagzeile.*
Kann sie stimmen?
War da ein besonders hungriges Rudel am Werk?

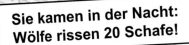

**Sie kamen in der Nacht:
Wölfe rissen 20 Schafe!**

Das kann passieren. Der Wolf sieht in einer Schafherde eine Menge Beute. Schafe fliehen nicht. Das ist der Wolf bei seiner Beute aber gewohnt. Bei ständiger Beute vor seiner Nase, erwacht immer wieder der Beutetrieb.

Die Bauern schützen ihre Herden durch transportable Weidezäune oder setzen Hütehunde ein. Manchmal werden auch Esel zusammen mit der Schafherde gehalten. Ihr Brüllen macht Lärm und hält die Wölfe fern.

Du hast schon viel über die Wölfe und ihre Lebensweise erfahren. Du hast erfahren, dass Wölfe für Menschen nicht gefährlich werden. Es ist schön, dass die Wölfe wieder nach Deutschland heimgekehrt sind.

Aufgabe 3:

Mache Werbung für den Wolf!
Erzähle anderen, was du über den Wolf weißt.
Schneide den Aufkleber aus, kopiere ihn und klebe ihn auf deine Hefte.
Verschenke ihn weiter ...

**KEEP
CALM
AND
LOVE
WOLVES**

Lernwerkstatt WOLF, HUND & CO – Bestell-Nr. 11 862
Die Familie der Hunde näher beleuchtet

KOHL VERLAG

Aufgabe 1: *Zeige, was du über den Wolf gelernt hast!*
Antworte in ganzen Sätzen.

a)	Wo war der Wolf vor hunderten von Jahren verbreitet?
🖊	

b)	Wie lange gab es keine Wölfe in Deutschland?

c)	Wo befinden sich die meisten Wölfe in Deutschland?

d)	Welche Schulterhöhe hat ein Wolf?

e)	Welche Körperlänge hat ein Wolf?

f)	Wer wurde vom Menschen zur Jagd auf Wölfe eingesetzt?

g)	Wie viele Wölfe leben derzeit etwa wieder in Deutschland?

h)	Wann ist der Tag des Wolfes?

i)	Warum gibt es den Tag des Wolfes?

j)	Wie schürt die Presse die Angst vor dem Wolf?

k)	Wer waren Romulus und Remus?

l)	Ab wann hatte der Wolf ein negatives Image?

m)	Was förderte das negative Image?

Lernwerkstatt WOLF, HUND & CO
Die Familie der Hunde näher beleuchtet – Bestell-Nr. 11 862

KOHL VERLAG

n)	Was ist ein Werwolf?
🖉	

o)	Was bedeutet die Redewendung: Man hat Hunger wie ein Wolf?

p)	Wie nennt man die Familie eines Wolfes?

q)	Aus welchen Mitgliedern besteht eine Familie?

r)	Warum verlassen die Jungtiere das Rudel mit ca. 20 Monaten?

s)	Wie groß ist das Revier eines Rudels?

t)	Wie jagen die Wölfe?

u)	Wie viel Fleisch braucht ein erwachsener Wolf pro Tag?

v)	Was hilft den Wölfen ihre Beute aufzuspüren?

w)	Welche drei Dinge muss ein Welpe zuerst lernen?

x)	Was muss ein Wolf nach der Einwanderung neu lernen?

y)	Wie lautet die 1. Regel bei einer Begegnung mit dem Wolf?

z)	Womit schützen Bauern ihre Viehherden?

Lernwerkstatt WOLF, HUND & CO
Die Familie der Hunde näher beleuchtet   –   Bestell-Nr. 11 862

KOHL VERLAG

<u>Aufgabe 1</u>:   *Sieh dir die Fotostrecke an und finde Bildunterschriften.*
Schreibe ins Heft.

Lernwerkstatt WOLF, HUND & CO
Die Familie der Hunde näher beleuchtet – Bestell-Nr. 11 862

KOHL VERLAG

12 Wie kommt der Wolf zum Dackel?

Vor tausenden von Jahren ...

Die Nomaden schleichen durch den Wald. Sie haben eine Gruppe Rotwild entdeckt. Eines der Tiere wollen sie für ihre nächsten Mahlzeiten erlegen. Sie müssen sich gegen den Wind halten, damit das Rudel sie nicht wittert. Plötzlich bleibt einer der Männer stehen. Er winkt den anderen, zu ihm zu kommen. Neugierig gehen sie näher. Sie finden Wolfswelpen, halb verhungert und vom Rudel verlassen. Die Männer nehmen die Welpen mit.

Nach einigen Monaten sind die verwaisten Welpen dank der Pflege der Nomaden zu kräftigen Jungtieren herangewachsen. Sie folgen nun ihren Menschen auf Schritt und Tritt.

Aufgabe 1: *Wie konnten sich die Nomaden die Fähigkeiten des Wolfs zunutze machen? Notiere.*

_____

_____

Die Menschen waren noch Jäger und Sammler, als sie Wölfe domestizierten und zur Jagd einsetzten. Wie wichtig ihnen die Helfer waren, zeigt, dass sie sogar auf Felsenmalereien dargestellt wurden.

Aufgabe 2: *Unter den Nomaden gab es auch talentierte Künstler, die ganze Jagdszenen an Felswände malten. Zeichne einen Wolf in den Rahmen.*

Lernwerkstatt WOLF, HUND & CO
Die Familie der Hunde näher beleuchtet   –   Bestell-Nr. 11 862
KOHL VERLAG

12   Wie kommt der Wolf zum Dackel?

Die **gezähmten Wölfe** veränderten sich mit der Zeit **über Generationen. Fell-farbe**, **Schädelform** und **Gehirn** veränderten sich. Die **Körperformen** wurden kleiner, denn die Wölfe wurden gefüttert und brauchten nicht mehr zu jagen. So passten sie sich ihrer **neuen Lebensweise** als **Begleiter des Menschen** an.

Aufgabe 3:   *Unsere Hunde sollen vom Wolf abstammen. Ist das möglich? Sieh dir die Hunderassen an. Notiere und begründe deine Meinung.*

_____

Aufgabe 4:   *Welche der Hunderassen kennst du? Notiere sie.*

Lernwerkstatt WOLF, HUND & CO
Die Familie der Hunde näher beleuchtet   –   Bestell-Nr. 11 862

Die meisten unserer Hunderassen heute sehen dem Wolf nicht mehr ähnlich.
Aber wie wurde der Wolf zum Dackel?
Der Wolf hatte sich bereits durch seine neue Lebensweise körperlich verändert. Dann griff der Mensch ein. Am Anfang kreuzte der Mensch vielleicht einen Wolf mit zu kurzen Beinen mit einem, der etwas hängende Ohren hatte. **Bestimmte erwünschte Merkmale wurden so lange gezüchtet, bis eine neue Hunderasse entstand.** So entstanden über viele tausend Jahre ein Dackel, ein Pudel oder ein Dalmatiner. Heute gibt es etwa 350 anerkannte Hunderassen.

12   Wie kommt der Wolf zum Dackel?

Bestimmte **Eigenschaften der Wölfe** scheinen durch die Züchtung der verschiedenen Rassen verschwunden zu sein. Trotzdem kommt der Wolf manchmal auch bei unseren Haushunden noch durch, auch wenn sie noch so ruhig, verspielt oder gelehrig sind.

Der **Wolf** ist ein **Rudeltier** mit einer **Rangordnung** untereinander und einem **Chef**, der die Regeln bestimmt. Auch unser **Haushund** ist noch ein **Rudeltier**, ebenfalls mit einem **Anführer** und das ist der Mensch. Der **Mensch** bestimmt die Regeln für das Zusammenleben zwischen ihm und seinem Vierbeiner.

Aufgabe 5:   *Was passiert, wenn nicht der Mensch sondern der Hund die Regeln für das Zusammenleben bestimmt? Notiere in ganzen Sätzen.*

Aufgabe 6:

Wie viele Hunde siehst du auf dem Bild?

Aufgabe 7:

Finde die 10 Unterschiede in den Bildern.

Lernwerkstatt WOLF, HUND & CO
Die Familie der Hunde näher beleuchtet   –   Bestell-Nr. 11 862

KOHL VERLAG

13   Interessante Einzelteile

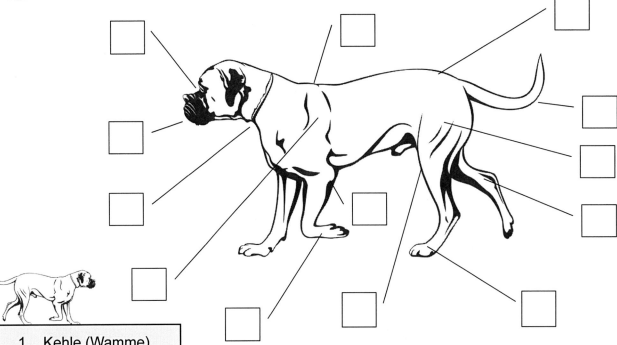

Aufgabe 1: *Bezeichne die Körperteile des Hundes, indem du die passenden Nummern in die Vierecke einträgst.*

1	Kehle (Wamme)
2	Stop
3	Schnauze (Fang)
4	Schulter
5	Kruppe
6	Schwanz (Rute)
7	Widerrist
8	Oberschenkel und Hüftgelenk (Keule)
9	Ellbogengelenk
10	Vorderfuß
11	Sprunggelenk
12	Hinterfuß
13	Kniegelenk

Aufgabe 2: *Betrachte das Zahnschema des Hundes. Beantworte die Fragen. Schreibe ins Heft.*

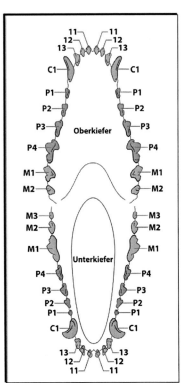

a) Wie viele Zähne sind es insgesamt?

b) Wie viele Schneidezähne (11 – 13) sind in jeder Kieferhälfte?

c) Wie viele Fangzähne (C1) sind in jeder Kieferhälfte?

d) Wie viele vordere Backenzähne (P) sind in jeder Kieferhälfte?

e) Wie viele hintere Backenzähne (M) sind insgesamt vorhanden?

f) Wo liegt ein Unterschied?

Lernwerkstatt WOLF, HUND & CO
Die Familie der Hunde näher beleuchtet   –   Bestell-Nr. 11 862

Der Hund ist, trotz der Weiterentwicklung durch den Menschen, wie sein Stammvater Wolf ein Beutejäger geblieben. Dementsprechend sind seine Sinnesorgane hoch entwickelt.

Aufgabe 1: *Fülle die Lücken mit den passenden Wörtern.*

Riechzellen – Geruchssinn – Beute – Geburt – Umwelt

Die Nase

Die Welpen werden bereits mit einem vollkommen

entwickelten _____ geboren. Das ist das

einzige Sinnesorgan, das von _____ an voll funktionstüchtig ist.

Später brauchen sie ihren hervorragend ausgebildeten Geruchssinn, um die

_____ zu finden. Seine Nase besitzt etwa 300 Millionen Riech-

zellen. Beim Menschen sind es gerade einmal 5 Millionen. Mit so vielen

_____ ausgestattet, sieht der Hund die Welt praktisch durch

seine Nasenlöcher. Damit macht er sich ein Bild von seiner _____.

Aufgabe 2: *In den Sätzen sind jeweils zwei Wörter verwechselt.*
Schreibe den Text richtig ins Heft.

Das Ohr

Auch das **Hörvermögen** des Menschen ist dem der Hundes weit überlegen. Das Menschenohr nimmt Frequenzen von 70–100.000 Hz wahr, das Hundeohr dagegen nur 20–20.000 Hz. Das erklärt, warum Hundepfeife eine sog. Hunde hören, deren Töne eine so hohe Frequenz haben, dass sie für uns nicht mehr hörbar ist.

Das Muskeln besitzt 17 Ohr, mit denen der Hund das Ohr in Geräuschquelle der Richtung drehen kann. Durch das Aufstellen und Drehen der Ohren und der Drehung des Geräusche peilt er Kopfes an. Damit ist sein Stütze eine Hörvermögen für das Auge, um Gegenständen oder Situationen zu sichten.

Lernwerkstatt WOLF, HUND & CO – Bestell-Nr. 11 862
Die Familie der Hunde näher beleuchtet

KOHL VERLAG

Aufgabe 3:   *Lies den Text.*

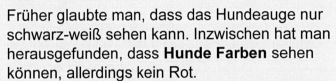

Das Auge

Früher glaubte man, dass das Hundeauge nur schwarz-weiß sehen kann. Inzwischen hat man herausgefunden, dass **Hunde Farben** sehen können, allerdings kein Rot.

Im Auge des Hundes gibt es **zwei verschiedene Sinneszellen**, die **Stäbchen** und die **Zapfen**. Die **Stäbchen** sehen **Graustufen**, die **Zapfen** sehen **Farben**. Der **Hintergrund** des Auges hat eine **Art Spiegel**, den das Menschenauge nicht hat.

Trifft im Hundeauge Licht auf die Stäbchen und trifft weiter auf den Spiegel, wird das Licht von diesem Spiegel noch einmal auf die Stäbchen zurückgeworfen. Das ist der Grund, warum **Hunde in Dunkelheit** besser sehen als der Mensch.

Die **Sehschärfe** beim Hund ist **geringer** als beim Menschen. Das Auge des Hundes nimmt **Bewegungen** wahr, aber **kaum stillstehende Dinge**. Der Grund liegt noch bei Stammvater Wolf: Die Beute wurde so erkannt, weil sie sich bewegte.

Aufgabe 4:   *In zehn Wörtern fehlen Buchstaben.*
Unterstreiche die Stellen.

Die Tasthaare

Die **Tasthaare (Vibrissen)** sind beim Hund nicht so lan wie bei der Kaze. Sie sind starrer als die übrigen Körperhare und reichen tifer in die Haut. Die Vibrissen dienen als **Alarmsystem**, um Verlezungen oder Zusammenstöße zu verhindern.

Beim Vorbeigehn an Gegenständen entstehn kleine Luftwirbel an den Vibrisen, sodass der Gegenstand selbst gar nicht berürt werden muss, um „Alarm" zu schlagen.

Lernwerkstatt WOLF, HUND & CO
Die Familie der Hunde näher beleuchtet – Bestell-Nr. 11 862

KOHL VERLAG

Die Menschen haben früh erkannt, dass Hunde sie bei ihrer **Arbeit unterstützen** können. Anfangs waren sie eine **Hilfe bei der Jagd**.

Die Menschen erkannten die **hervorragende Lernwilligkeit** und den **absoluten Gehorsam** eines Hundes.

Später setzte man Hunde deshalb je nach charakterlichen und körperlichen Eigenschaften auch für **andere Tätigkeiten** ein, so setzte man z. B. keinen Dackel für die Jagd auf Rotwild ein, wohl aber, um Kaninchen aus den unterirdischen Bauten herauszutreiben.

Diese **„berufstätigen"** Hunde bezeichnet man als **Gebrauchshunde** oder **Arbeitshunde**.

Aufgabe 1:   *Welche Tätigkeiten berufstätiger Hunde sind dir bekannt? Notiere.*

Wir machen eine Zeitreise von 3.200 Jahren zurück ins alte Ägypten:

Die **Ägypter** hatten viele Götter für diese oder jene Gelegenheit. Einer stach besonders hervor: **Anubis.**

Anubis hatte einen **menschlichen Körper**, aber einen **Hundekopf**. Anubis war der **Gott**, der darüber wachte, dass das Protokoll für **Beerdigungen** eingehalten wurde. Die Ägypter glaubten, dass die Toten in ein Reich im Westen wanderten. Um das Reich zu finden, waren **Wölfe** und **Hunde** ihre **Führer**. Deshalb wurde Anubis mit einem Hundekopf dargestellt.

Aufgabe 2:

Trage senkrecht kurze Wörter aus den Texten dieser Seite ein.

				R									
				O									
				T									
L	E	R	N	W	I	L	L	I	G	K	E	I	T
				I									
				L									
				D									

Lernwerkstatt WOLF, HUND & CO – Bestell-Nr. 11 862
Die Familie der Hunde näher beleuchtet
KOHL VERLAG

16 Jagdhunde

Ein Hund, der dem Jäger bei **der Jagd hilft**, wird als **Jagdhund** bezeichnet. Vor tausenden von Jahren wurden die ersten domestizierten Wölfe und die daraus entstandenen Hunde als **Gehilfen bei der Jagd** eingesetzt und als **Jagdhunde** bezeichnet.

Die Bezeichnung **Jagdhund** muss heute korrekterweise **Jagdgebrauchshund** heißen, denn für die **verschiedenen Einsätze bei der Jagd** gibt es auch **spezielle Jagdhunde**. Jeder Hund, der dem Jäger heute als Gehilfe dient, muss vor seinem Einsatz als Jagdhund vorgeschriebene Arbeitsprüfungen bestehen.

Aufgabe 1: *Welche Voraussetzungen muss ein Hund mitbringen, um ein guter Jagdhund zu werden? Kreuze an.*

	arbeitsfreudig		guter Orientierungssinn
	verspielt		ruhig
	gehorsam		nervös
	hart beim Einsatz		sich leicht führen lassen
	gelehrig		aufmerksam
	kräftig		ausdauernd

Aufgabe 2: *Diese Hunde gehören zu den Jagdhunden. Finde die Rasse der Hunde heraus!*
***TIPP**: Tierlexikon, Internet, Besitzer der Rasse fragen ...*

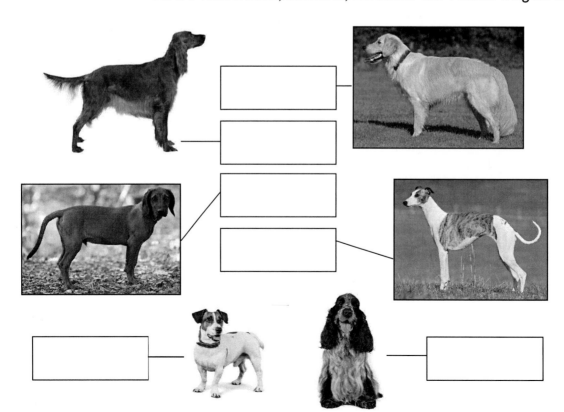

Lernwerkstatt WOLF, HUND & CO
Die Familie der Hunde näher beleuchtet – Bestell-Nr. 11 862

KOHL VERLAG

> Durch die Zucht von Jagdhunden sind schon **viele Eigenschaften**, die die Hunde für den Jagdeinsatz brauchen, in der Rasse **vorhanden**: Jagdtrieb, Spurensuche. Diese Eigenschaften werden durch Training gefördert. Andere Eigenschaften, wie z. B. das Apportieren müssen durch weitere **Ausbildung andressiert** werden. Die **jagdliche Ausbildung** beginnt im Welpenalter, ist sehr aufwändig und dauert etwa **zwei Jahre**. Danach muss der Hund in Arbeitsprüfungen nachweisen, dass er sein hochspezielles Handwerk versteht. Besteht er einen Teil der Prüfungen nicht, muss er „nachsitzen" und fleißig trainieren.

Aufgabe 3: *Ordne die Arbeitsbeschreibung der jeweiligen Rasse zu. Ziehe Verbindungslinien in unterschiedlichen Farben.*

1
Der Hund wird vom Jäger an einer mindestens 10 m langen Leine geführt, um verletztes **blutendes (schweißendes)** Wild zu finden. Dabei sucht er die „Wundfährte", die zu dem Tier führt.

2
Der Hund **schlieft (schlüpft)** in den **Erdbau** eines Fuchses, Dachses oder Marders. Er treibt das Wild aus dem Bau vor die Flinte des Jägers oder zeigt durch Bellen an, dass er es im Bau gestellt hat. Der Jäger muss ihn dann samt Wild ausgraben.

A **Irish Setter Vorstehhund**

B **English Cocker Spaniel Stöberhund**

C **Golden Retriever Vorstehhund**

3
Der Hund wird auf **Hetzjagden** eingesetzt. Er jagt mit den Augen (engl. Sight Hound) und nicht mit der Nase. Er ist nach dem Geparden das schnellste Landtier der Welt. Durch seine enorme Geschwindigkeit holt er das Wild ein, tötet es oder hält es fest, bis der Jäger kommt.

4
Der Hund entdeckt das Wild und zeigt es dem Jäger **durch Vorstehen** an, indem er still steht, einen Vorderlauf anhebt und keinen Laut von sich gibt.

D **Jack Russel Terrier Erdhund**

E **Bayrischer Gebirgsschweißhund Schweißhund**

F **Whippet Hetzhund**

5
Der Hund sucht und bringt dem Jäger erlegtes Wild **zurück (apportieren)**. Dabei muss er in der Suche ausdauernd, selbstständig und nicht wasserscheu sein.

6
Der Hund sucht das Wild selbstständig im Dickicht oder Schilf, **stöbert** es auf und treibt es auf den Jäger zu.

Lernwerkstatt WOLF, HUND & CO
Die Familie der Hunde näher beleuchtet – Bestell-Nr. 11 862

KOHL VERLAG

17 Servicehunde

Unter dem Begriff **Servicehunde** versteht man speziell ausgebildete Hunde, von denen einige ein Team mit ihrem ebenfalls gut ausgebildeten Hundeführer bilden. **Servicehunde** helfen dem Menschen in **besonderen Situationen**.

Aufgabe 1: *Sieh dir die Tätigkeiten der Hunde auf den Bildern genau an! Wie nennt man diese Hunde? Notiere.*

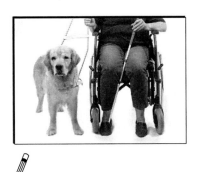

_____

_____

_____

_____

Aufgabe 2: *Welche Eigenschaften müsste nach deiner Meinung ein Hund haben, um ein Rettungshund zu werden? Schreibe in ganzen Sätzen und begründe deine Meinung.*

Rasse: _____

Größe: _____

Alter: _____

Gewicht: _____

Wesen: _____

Lernwerkstatt WOLF, HUND & CO
Die Familie der Hunde näher beleuchtet — Bestell-Nr. 11 862
KOHL VERLAG

Aufgabe 3: *Lies die Texte und fülle die Lücken mit den passenden Wörtern.*

bewusstlos – Ufer – Person – Hund – Geschirr

Wasserrettung

Die Rettungshunde tragen ein spezielles Geschirr. Sie schwimmen zu der _____, die sich an dem _____ festhalten kann und vom Hund ans Ufer gezogen wird. Ist das Opfer _____, greift der Hund einen Arm oder eine Hand und zieht die Person auf diese Weise an Land. Eine andere Möglichkeit ist, dass ein Rettungsschwimmer zusammen mit dem _____ zu dem Opfer schwimmt, Erste Hilfe leistet und der Hund beide ans _____ zieht.

Bellen – Hund – Menschen – schwierigsten – Vielzahl

Trümmersuchhund

Die Rettungsarbeit, _____ unter meterhohen Trümmerschichten nach einem Erdbeben zu finden, gehört zu den _____. Die Katastrophenhunde müssen die menschliche Witterung aus einer _____ von anderen Gerüchen herausfinden. Der Hund zeigt seinen Fund durch _____ oder Scharren an. Nur wenige Rettungsteams (_____ und Hundeführer) eignen sich für diese Arbeit.

Scharren – Einsatz – Suchtrupps – Hund – Lawinen

Lawinensuchhunde

Werden Personen von Schneelawinen verschüttet, kommen häufig Lawinenhunde zum _____, die den menschlichen Geruch auch unter meterdickem Schnee orten können. Der _____ darf sich bei seiner Suche nicht durch andere _____ oder Lärm ablenken lassen. Seinen Fund zeigt er durch heftiges _____ im Schnee an. Der Hundeführer muss gleichzeitig darauf achten, dass keine Gefahr durch neue _____ besteht.

In Holland wurden vor **10 Jahren** Windhunde erfolgreich als **Diabetes-Hunde** ausgebildet. **Diabetes** ist eine **Zuckerkrankheit**, die lebensbedrohlich werden kann, wenn nicht sofort Medikamente zur Hand sind. Die Hunde merken, wenn der Zuckerspiegel im Blut seines Besitzers sinkt, bellen ihn an und holen die Medikamente herbei. Das ist besonders nachts wichtig, wenn der Besitzer schläft.

Lernwerkstatt WOLF, HUND & CO   Die Familie der Hunde näher beleuchtet   –   Bestell-Nr. 11 862

KOHL VERLAG

Nicht jeder Hund wird als Rettungshund eingesetzt. Einige Servicehunde unterstützen den Menschen auf eine andere Weise und haben dann ebenfalls eine langwierige und harte Ausbildung hinter sich.

Schreibe in dein Heft/in deinen Ordner:

Mantrailer

Die Bezeichnung kommt von **man** (Mann) und **trail** (verfolgen). Der **Mantrailer** ist ein **Personensuchhund**, der im Gegensatz zu Suchhunden verschiedene menschliche **Gerüche** unterscheiden kann. Bei seiner Suche konzentriert er sich trotz vieler anderer menschlicher Gerüche nur auf den Geruch der **gesuchten Person**. Er sucht nicht nur den Geruch eines Fußgängers, sondern kann die Spur auch in geschlossenen, vorbeifahrenden Autos riechen.

Aufgabe 4:

Beschreibe eine Situation, in der ein Mantrailer meistens schnell eingesetzt wird.

Aufgabe 5:

Es werden immer mehr Hunde zum Mantrailer ausgebildet.
Kannst du dir die Gründe vorstellen?
Notiere deine Ideen.

Aufgabe 6:

Warum muss die Zeichensprache für die Kommandos aus persönlichen Zeichen bestehen?
Notiere deine Ideen.

Aufgabe 7:

Wenn es in Zukunft lautlose Elektroautos gibt, hört ein Signalhund trotzdem noch herannahende Wagen?
Notiere deine Idee.

Signalhund

Der **Signalhund** ist ein Assistent für **Gehörlose**. Er zeigt das Klingeln des Weckers, der Haustürschelle und des Telefons an. Dafür stupst er seinen Besitzer an und führt ihn zu dem Geräusch. Er zeigt an, wenn der Besitzer mit Namen angesprochen wird und weist im Straßenverkehr auf Martinshorn und Autohupen sowie auf Autos von hinten hin. Der Gehörlose gibt seinem Hund Kommandos in einer persönlichen Zeichensprache, die nur beiden bekannt ist.

Lernwerkstatt WOLF, HUND & CO
Die Familie der Hunde näher beleuchtet   –   Bestell-Nr. 11 862

KOHL VERLAG

Der **Hirtenhund** ist der Begleiter des Schafshirten. Er schützt den Hirten und unterstützt ihn bei der Herdenarbeit. Im Laufe der Zeit haben sich die Hirtenhunde weiter spezialisiert in **Herdenschutzhunde** und **Hütehunde**.
Alle **drei** Gebrauchshunde machen **unterschiedliche** Jobs, haben aber gemeinsam, dass sie den Hirten in seiner Arbeit **unterstützen**.

Aufgabe 1: *Schneide alle Karten der beiden Seiten aus. Klebe jeweils auf ein Schreibblatt nebeneinander: • Hundefoto, • passenden Steckbrief, • passende Aufgabenkarte.*

• Der Hütehund

Seine **Aufgaben** bestehen im **Zusammenhalten** der Herde. Ohne seine Arbeit würde sich eine Herde weit verteilen. Es würden dabei Tiere verloren gehen oder leichte Beute für Raubtiere werden. Der Hütehund **arbeitet nach Anweisungen** des Hirten, was einen großen **Gehorsam** voraussetzt. Dabei treibt er die Herde auch von einer Koppel auf die andere und kann einzelne Tiere auf Kommando heraustreiben. Für diesen Job braucht man **kleine, flinke und wendige Hunderassen**.

Der Komondor

Herkunftsland:	Ungarn
Schulterhöhe:	mindestens 70 cm
Gewicht:	50 – 60 kg
Fell:	derbes Deckhaar, feine Unterwolle, beides verfilzt zu bandartigen Schnüren, die erst mit drei Jahren ihre Länge erreichen, das spezielle Fell schützt ihn vor Kälte und Verletzungen durch Feinde
Wesen:	grundsätzliches Misstrauen gegenüber allem Fremden, sehr eigenständig, nimmt seine Schutzaufgabe ernst

• Der Hirtenhund

Der **Hirtenhund** ist ein **Allrounder**, denn er besitzt einen starken **Schutz- und Hütetrieb**, der sich auf die Herde aber auch auf den Hirten bezieht.

Lernwerkstatt WOLF, HUND & CO
Die Familie der Hunde näher beleuchtet   –   Bestell-Nr. 11 862
KOHL VERLAG

Der Deutsche Schäferhund

Herkunftsland: Deutschland
Schulterhöhe: etwa 60 cm
Gewicht: 30 – 40 kg
Fell: dicht, gerade, festanliegend mit Unterwolle
Wesen: ursprünglich als Herdengebrauchshund eingesetzt, heute auch als Polizeihund, Allrounder, intelligent, lernfreudig, robust, belastbar, arbeitswillig, schützt, wacht, hütet, sehr aufmerksam

• Der Herdenschutzhund

Seine **Aufgaben** sind das **Beschützen** und **Verteidigen** der Herde gegen fremde Menschen oder Beutetiere (Greifvögel, Füchse, Wölfe). Dafür benötigt man **große und kräftige Hunderassen** mit einem angeborenen Schutztrieb. Wichtiger ist aber, dass er **selbstständig arbeiten** kann, ohne dass der Hirte Anweisungen geben muss.

Der Shetland Sheepdog (Sheltie)

Herkunftsland: Großbritannien
Schulterhöhe: etwa 37 cm
Gewicht: 5 – 10 kg
Fell: Das doppelte Fell ist lang, gerade und leicht. Die Unterwolle ist kurz, weich und dicht. Mähne und Halskrause sind sehr üppig.
Wesen: intelligent, sehr lernfähig und temperamentvoll, hat viel Energie, braucht Aufgaben, bei denen er viel Bewegung hat, klein und sehr wendig

Lernwerkstatt WOLF, HUND & CO
Die Familie der Hunde näher beleuchtet – Bestell-Nr. 11 862

KOHL VERLAG

> Als **Diensthunde** bezeichnet man Hunde, die bei **Behörden**, wie der **Polizei**, dem **Zoll**, der **Bundeswehr** oder die im Außenbereich von **Gefängnissen** eingesetzt werden.
> **Hund** und **Hundeführer** bilden ein Team und werden gemeinsam ausgebildet. In Deutschland sind die **Hunderassen**, die als **Diensthunde** eingesetzt werden dürfen, **vorgeschrieben**. Das gilt nicht für Drogenspürhunde.
> Diensthunde benötigen von Natur aus eine gute **Nasenleistung**, Freude am **Gehorsam** und einen ausgeprägten **Schutztrieb**. Bei den vorgeschriebenen Rassen wurden diese Eigenschaften durch gezielte Züchtung noch verbessert.

Aufgabe 1: *Verbinde die sieben der zehn vorgeschriebenen Hunderassen mit ihren Bildern durch eine Linie.*

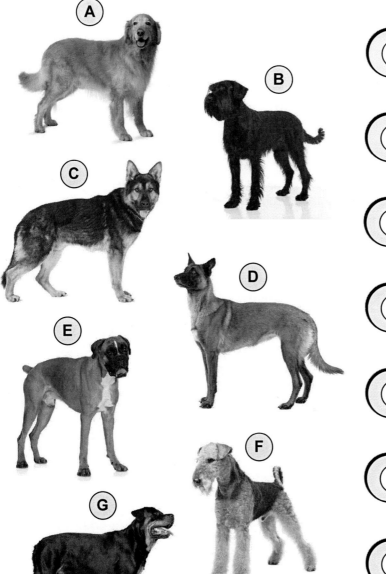

A

B

C

D

E

F

G

1. Deutscher Schäferhund

2. Airdaile Terrier

3. Rottweiler

4. Deutscher Boxer

5. Belgischer Schäferhund

6. Riesenschnauzer

7. Hovawart

Lernwerkstatt WOLF, HUND & CO
Die Familie der Hunde näher beleuchtet – Bestell-Nr. 11 862

KOHL VERLAG

19 Diensthunde

Diensthunde werden für **verschiedene Aufgaben** ausgebildet.
Die **Grundausbildung** dauert etwa **70 Tag**e. Sie umfasst **Gehorsamsübungen**, **Schutz** seines Hundeführers, das **Aufspüren von Beweismitteln** und die **Verfolgung** und das Festhalten von Tätern.
Nach **Beendigung** der Grundausbildung erfolgte eine **Prüfung**. Danach muss der Hund **jährlich** in einer Prüfung nachweisen, dass er das Gelernte beherrscht.

Aufgabe 2: *Lies die Aufgaben der Diensthunde. Notiere, was du unter den Aufgaben verstehst.*

a) Drogenspürhund: _____

b) Sprengstoffspürhund: _____

c) Personensuchhund: _____

d) Geldmittelspürhund: _____

e) Leichenspürhund: _____

f) Schutzhund: _____

g) Brandmittelspürhund: _____

Nach der Grundausbildung erfolgt die **Spezialisierung z. B. zum Drogenspürhund**. Der Hund muss wissen, **wie Drogen riechen** und darauf trainiert werden, alle anderen Gerüche nicht zu beachten.
Bekommt der Hund während des Trainings Drogen, damit er weiß, was er finden soll? Natürlich nicht!
Die Trainer benutzen ein **Kunststoffrohr**, die mit einer **Masse** gefüllt wird, die **wie Drogen** (z. B. Haschisch) riecht. Der Hund will das Rohr als „Spielzeug" haben. Bald erkennt er sein „Spielzeug" am Geruch. Später beim Einsatz als Drogenhund sucht er in Wahrheit sein „Spielzeug". Hat er es in Koffern oder Autos versteckt gefunden, zeigt er das durch Scharren oder Bellen an.

Aufgabe 3: *Beantworte die Fragen schriftlich und in ganzen Sätzen. Schreibe in dein Heft / deinen Ordner.*

a) Ein Drogenhund „durchsucht" ein Auto und zeigt Drogen an. Sein Hundeführer durchsucht nun den Wagen, findet aber keine Drogen. Hat sein Hund sich geirrt?

b) Warum gilt die Liste der vorgeschriebenen Hunderassen für den Einsatz als Diensthund **nicht** für Drogenspürhunde?

Lernwerkstatt WOLF, HUND & CO
Die Familie der Hunde näher beleuchtet – Bestell-Nr. 11 862

KOHLVERLAG

Wie der Name schon sagt, ist der **Gesellschaftshund** ein Begleiter für den Menschen. Er **leistet** ihm **Gesellschaft**. Gesellschaftshunde haben keinen bestimmten Job, wie etwas ein Jagd- oder Wachhund.
Die meisten Halter von Gesellschaftshunden haben bestimmte Vorstellungen, wie ihr Hund aussehen soll: **klein, knuddelig, „süßes" Gesicht usw..** Die Züchter haben als einziges Ziel, die Hunde so zu züchten, dass sie den Vorstellungen der Halter entsprechen.

Aufgabe 1: *Sieh dir die drei Beispiele für Gesellschaftshunde an. Notiere, was Hundehalter an ihnen besonders „knuddelig" und „süß" finden könnten.*

_____

_____

_____

Papillon
Schulterhöhe: 28 cm
Gewicht: 3,5 kg

frz. Papillon = Schmetterling (wegen der Behaarung der Ohren)

Mops
Schulterhöhe: 35 cm
Gewicht: 7 kg

Coton de Tuléar
Schulterhöhe: 28 cm
Gewicht: 4,5 kg

Tuléar = Hafenstadt in Madagaskar,
Coton = Baumwolle
Baumwolle aus Tuléar

Aufgabe 2:

Gesellschaftshunde werden von vielen Besitzern vermenschlicht. Was hältst du von den Bildern? Schreibe deine Meinung ins Heft.

Lernwerkstatt WOLF, HUND & CO
Die Familie der Hunde näher beleuchtet – Bestell-Nr. 11 862
KOHL VERLAG

Aufgabe 3:

Wie würdest du den Hund anziehen?
Male ihn an.

Gesellschaftshunde sind sehr **menschenbezogen** und das ist in der Zucht auch so gewollt, denn sie haben nur die Aufgabe, dem Menschen als **freundlichem** und **gutmütigem Begleiter** zu dienen. Sie benötigen zwar Bewegung, aber keine richtige sportliche Betätigung. Da Gesellschaftshunde klein und genügsam in ihrem Bewegungsdrang sind, sind sie gut für die **Haltung in der Stadt** geeignet.

Seit wann gibt es Gesellschaftshunde?

Gesellschaftshunde gab es schon vor **langer Zeit**. Sie wurden von **adeligen Damen** gehalten, die von den niedlichen und kleinen Vierbeinern „entzückt" wurden, während das einfache Volk Hunde hielt, die eine Arbeitsleistung erbrachten, wie z.B. Jagdhunde. Auf vielen alten Gemälden sieht man adelige Damen, die sich gemeinsam mit ihrem Hund malen ließen.

Aufgabe 4:   *Schneide die Köpfe und Körper der vier Gesellschafts-hunde aus und klebe sie richtig zusammen.*
Welche Rasse kennst du?

Lernwerkstatt WOLF, HUND & CO
Die Familie der Hunde näher beleuchtet   –   Bestell-Nr. 11 862

KOHL VERLAG
Lernen mit Erfolg

Die Hunderassen wurden über viele Jahrhunderte für **bestimmte Aufgaben** eingesetzt und auf die entsprechenden Eigenschaften hin gezüchtet. Heute gibt es nur noch in bestimmten Bereichen **„berufstätige" Hunde**.

Viele Eigenschaften der Hunde werden heute nicht mehr benötigt oder sind verboten (z. B. Hetzjagd mit Windhunden). Die Hunde aber möchten jagen, sich bewegen, lernen und gehorchen, wie es ihren früheren Aufgaben entsprach.

Die Hundebesitzer betreiben mit ihren Vierbeinern als Ausgleich **verschiedene Hundesportarten**.

Aufgabe 1:   *Schneide die Bilder und Texte der folgenden beiden Seiten aus und klebe sie passend auf einem Schreibblatt/ in deinem Heft zusammen.*

Agility
Beim **Agility** muss der Hundehalter seinen Hund an einer unsichtbaren Leine nur durch **Körpersprache** und **Hörzeichen** durch einen **Parcours** lenken. Auf der Strecke sind **verschiedene Hindernisse** zu überwinden: Reifen, Laufsteg, Slalom, Wippe, Tunnel usw.. Hundehalter und Hund bilden ein Team. Wer die schnellste Zeit und die wenigsten Fehler hat, ist der Sieger.

(1)

Dog Frisbee
Es gibt **drei** Disziplinen. **Freestyle**: Durch bestimmte Wurftechniken zeigen Hund und Besitzer eine Art **Tanz** zu einer passenden Musik. **Mini-Distance**: Für jeden Wurf, den der Hund fängt, gibt es Punkte. Bis zum Ziel hat das Team 90 Sekunden Zeit. Dabei muss es mehrere **Spielfelder** durchqueren, in denen es verschiedene Punkte gibt. **Long-Distance**: Ziel ist es, die Scheibe so **weit wie möglich** zu werfen. Es zählen nur die Würfe, die der Hund in der Luft fängt. Jedes Team hat drei Versuche. Gewonnen hat das Team mit dem weitesten gefangenen Wurf.

Lernwerkstatt WOLF, HUND & CO   –   Bestell-Nr. 11 862
Die Familie der Hunde näher beleuchtet
KOHL VERLAG

Flyball

Beim **Flyball** kämpfen **zwei Mannschaften** auf nebeneinanderliegenden Bahnen gegeneinander. Jede Mannschaft besteht aus **vier Teams** (Hundebesitzer und Hund). Der Hund muss **ohne Hilfe** seines Hundeführers **vier Hürden** überspringen. Dann muss er an einer **Box**, die die Bälle enthält, den **Auslöser drücken**. Dadurch wird ein Ball herausgeschleudert, den der Hund fangen muss. Mit dem Ball springt er zurück über die vier Hürden zur Start-/Ziellinie.

②

Windhundrennen

Es gibt **zwei** Arten von Windhundrennen. **Rennbahn**: Sechs Hunde starten aus dem **Startkasten** und folgen mit hoher Geschwindigkeit dem vorweg gezogenen „künstlichen Hasen". Der **Hase** ist eine **Jagdattrappe**, die aus einem großen Büschel Plastikbändern besteht. Da Windhunde **Sichtjäger** sind, folgen sie jedem sich bewegenden Gegenstand. Das macht man sich mit der Attrappe zunutze. **Coursing**: Die Hunde folgen der Attrappe, die durch einen **Parcours** durch **unebenes** Gelände gezogen wird. Das Coursing verlangt eine hohe Aufmerksamkeit vom Hund, da die Attrappe zeitweise hinter Büschen oder hohem Gras verschwindet.

③

④

Lernwerkstatt WOLF, HUND & CO – Bestell-Nr. 11 862
Die Familie der Hunde näher beleuchtet

Kohl Verlag

Aufgabe 1: *Sieh dir das Schema genau an!*
Schreibe einen Text dazu ins Heft.

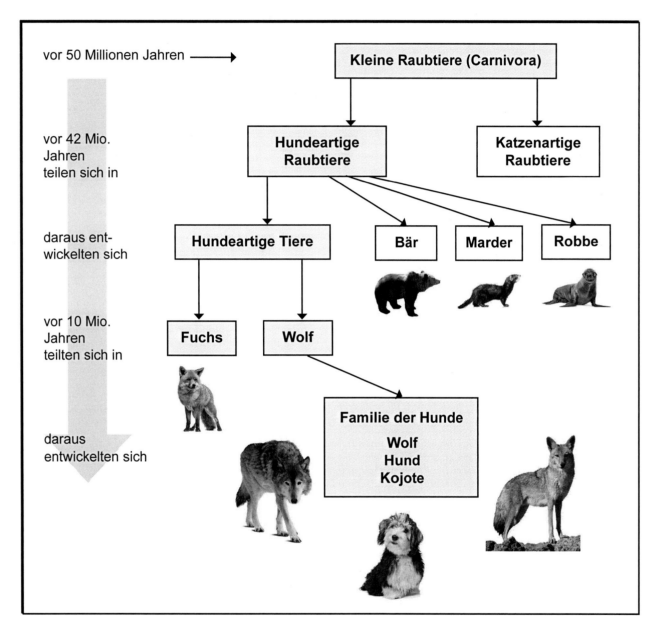

vor 50 Millionen Jahren ⟶ **Kleine Raubtiere (Carnivora)**

vor 42 Mio. Jahren teilen sich in

Hundeartige Raubtiere **Katzenartige Raubtiere**

daraus entwickelten sich

Hundeartige Tiere **Bär** **Marder** **Robbe**

vor 10 Mio. Jahren teilten sich in

Fuchs **Wolf**

daraus entwickelten sich

Familie der Hunde
Wolf
Hund
Kojote

Aus den hundeartigen Tieren haben sich Tiere mit sehr unterschiedlichem Aussehen, verschiedenen Körpergrößen und Körpergewichten entwickelt.

Das liegt daran, dass sie sehr anpassungsfähig sind und damit in allen Lebensräumen und Klimazonen leben können und sich im Äußeren diesem Leben angepasst haben.

Trotz der Unterschiede gibt es aber immer noch Gemeinsamkeiten:
Sie haben ein Gebiss mit 42 Zähnen und laufen auf vier Zehen, deren Krallen nicht einziehbar (wie etwa bei der Katze) sind.

Lernwerkstatt WOLF, HUND & CO – Bestell-Nr. 11 862
Die Familie der Hunde näher beleuchtet

KOHL VERLAG

1   Der Wolf kehrt heim

1. Die Menschen profitierten von den Wölfen, weil sie durch ihre Anwesenheit Schutz vor anderen wilden Tieren boten. Die Wölfe profitierten, indem sie bequem an Essensreste der Menschen kamen und weniger jagen mussten.

2. räuberisch, gefährlich, verschlagen, hinterlistig, rücksichtslos, böse, gierig, grimmig, hinterhältig

3. Deutschland, Polen, Spanien, Italien, Griechenland, Schweden, Finnland, Balkanstaaten, Russland, Estland, Lettland, Weißrussland, Ukraine, Rumänien

4. In Russland, Estland, Lettland, Weißrussland, Polen, der Slowakei, Griechenland, den Balkanstaaten gibt es die meisten Wölfe.

2   Wölfe zurück in Deutschland

1. Mecklenburg-Vorpommern, Brandenburg, Sachsen, Sachsen-Anhalt, Niedersachsen

3   Und DAS bin ich!

1. Gewicht 30 – 75 kg, Schulterhöhe 60 – 90 cm, 42 Zähne, Körperlänge 100 – 150 cm, Schwanzlänge 30 – 50 cm

2. individuelle Lösung

3. Der Irische Wolfshund ist größer als der Wolf. Durch sein geringes Gewicht im Verhältnis zur Körpergröße ist er sehr wendig. In seiner Schnelligkeit als Windhund ist er dem Wolf an Geschwindigkeit überlegen.

4   Leben mit dem Wolf

1. Individuelle Lösungen, wie z.B.:
   (1.) Der Wolf geht um;   (2.) Wölfe reißen 61 Schafe;
   (3.) Wölfe kommen bedrohlich nahe.

2. Der Wolf bekam das negative Image, als die Menschen sesshaft wurden und Viehherden hielten, aus denen er Tiere als Nahrung riss.

Lernwerkstatt WOLF, HUND & CO
Die Familie der Hunde näher beleuchtet   –   Bestell-Nr. 11 862

KOHL VERLAG

5 Sagen, Märchen und Aberglaube

1. Die Sage über Romulus und Remus stammt aus der Zeit, als die Menschen noch nicht sesshaft waren, weil der Wolf in der Erzählung positiv dargestellt wird.

2. (1.) Rotkäppchen und der Wolf   (2.) Der Wolf und die sieben Geißlein

3. Der Aberglaube zeigt, dass die Menschen den Wolf als teuflisch und als Unglücksbringer einstuften.

6 Wölfische Redewendungen

1. 1 – D;   2 – F;   3 – E;   4 – B;   5 – C;   6 – A

2. Das Bild passt zu der Redewendung: Der / Die ist ein Wolf im Schafspelz

7 Talkshow mit Lupus

1. Frage 1:   Familien – Rudel – Wölfin – Jungtiere – Reviere – Plan
   Frage 2:   Revier – Größe – Ernährung – Welpen – Töchter

2.

Kreuzworträtsel – waagerechte Lösungen:

- 1 KILOGRAMM
- 2 JAGD
- 3 KLEINKRAM
- 4 VOEGEL
- 5 WILDSCHWEINE
- 6 WELPEN
- 7 FUSSBALLFELDER
- 8 VIEH
- 9 GRUPPE
- 10 SINNESORGAN
- 11 GERUCHSSINN

Lösungswort: RESPEKT

Lernwerkstatt WOLF, HUND & CO
Die Familie der Hunde näher beleuchtet   –   Bestell-Nr. 11 862

KOHL VERLAG

8 Lernen mit euch zu leben

2. Mit den Blechkisten auf vier Rädern sind die Autos gemeint, deren Geschwindigkeit ein Wolf nicht einschätzen kann. Die breiten Wege sind die Autobahnen, die ganz Deutschland durchziehen. Der Wolf läuft heute Gefahr, überfahren zu werden. Die Strampler auf ihren Zweirädern sind die Menschen, die mit Mountainbikes bergauf und bergab durch die Wälder fahren, sodass sich der Wolf schnell und nicht gemächlich zurückziehen muss. Die Städte (Steinhaufen = Häuser) sind größer und lauter geworden. Dörfer sind näher aneinander gerückt.

9 Friedliches Zusammenleben

1. 1 – D; 2 – F; 3 – E; 4 – A; 5 – C; 6 – B

2. Individuelle Lösung:
Der Wolf sieht in einer Schafherde eine Menge Beute. Schafe fliehen nicht. Das ist der Wolf bei seiner Beute aber gewohnt. Bei ständiger Beute vor seiner Nase, erwacht immer wieder der Beutetrieb.

10 Großer Wissenstest rund um den Wolf

1.
a) Der Wolf war über ganz Europa verbreitet.
b) Über 160 Jahre gab es keine Wölfe in Deutschland.
c) Die meisten Wölfe befinden sich im Osten Deutschlands.
d) Die Schulterhöhe des Wolfs beträgt 60 – 90 cm.
e) Der Wolf hat eine Körperlänge von 100 – 150 cm.
f) Der Irische Wolfshund wurde zur Jagd auf Wölfe eingesetzt.
g) Ca. 300 Wölfe leben wieder in Deutschland.
h) Der Tag des Wolfes ist der 30. Juni.
i) Es soll über Lebens- und Verhaltensweise informiert werden.
j) Die Presse druckt reißerische Schlagzeilen.
k) Das waren verwaiste Zwillinge, die Rom gegründet haben sollen.
l) Nachdem die Menschen Siedler wurden und Viehherden hielten.
m) Man erfand Sagen und Märchen, in denen der Wolf böse war.
n) Ein Mensch, der sich in Vollmondnächten in einen Wolf verwandelt.
o) Damit will man sagen, dass man sehr großen Hunger hat.
p) Die Familie nennt man Rudel.
q) Ein Rudel besteht aus Wolf, Wölfin, den Jungtieren und den Welpen.
r) Die Jungtiere suchen sich eigene Reviere.
s) Das Revier eines Rudels ist ca. 250 – 350 km² groß.
t) Die Wölfe jagen gemeinsam im Rudel.
u) Pro Tag braucht ein Wolf ca. 3 kg Fleisch.
v) Die Wölfe haben sehr gut ausgebildete Sinnesorgane.
w) Er muss lernen, was fressbar ist, wie man jagt und die Wolfssprache.
x) Er muss den Straßenverkehr und die Größe von Städten lernen.
y) Bleib stehen und verhalte dich ganz ruhig
z) Sie schützen die Herden durch Weidezäune und Hütehunde.

Lernwerkstatt WOLF, HUND & CO
Die Familie der Hunde näher beleuchtet – Bestell-Nr. 11 862

11 Fotostrecke

1. Individuelle Lösungen:

   linke Reihe von oben nach unten:
   - Große Liebe
   - Hungriger Wolf auf der Pirsch
   - Siehst du auch, was ich sehe?
   - Lasst mich mal in Ruhe gucken, ihr Quälgeister!

   rechte Reihe von oben nach unten:
   - Guten Appetit!
   - Müder Tag heute!
   - Fressen, umfallen, schlafen!
   - Beute, kommt mal hierher!

12 Wie kommt der Wolf zum Dackel?

1. Die Wölfe waren leidenschaftliche Jäger. Also setzten die Nomaden sie als Jagdhelfer ein. Außerdem sind Wölfe durch ihre gut ausgebildeten Sinnesorgane sehr wachsam und wurden auch als Wachhunde eingesetzt.

2. Individuelle Lösungen

3. Betrachtet man die Hunderassen scheint es unmöglich, dass sie alle vom Wolf abstammen können. Es ist aber tatsächlich nachgewiesen, dass unser heutiger Haushund vom Wolf abstammt.

4. im Uhrzeigersinn:
   Dackel (Dachshund) – Dalmatiner – Mops – Windhund (Whippet) – Pudel

5. Der Hund kennt von sich aus keine Regeln und macht, wozu er Lust hat. Der Chef (Mensch) hat ihn nicht gelehrt, was erlaubt und nicht erlaubt ist. Da der Chef keine Regeln aufstellt, wird er auch vom Hund nicht als Anführer akzeptiert.

6. Es sind 19 Hunde.

7.

Lernwerkstatt WOLF, HUND & CO
Die Familie der Hunde näher beleuchtet – Bestell-Nr. 11 862

KOHL VERLAG

13 Interessante Einzelteile

1.

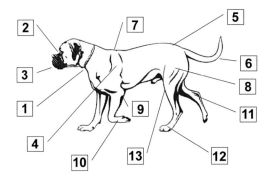

2. **a)** Insgesamt hat der Hund 42 Zähne.

b) In jeder Kieferhälfte befinden sich 6 Schneidezähne.

c) Es befinden sich 2 Fangzähne (Reißzähne) in jeder Kieferhälfte.

d) In Jeder Kieferhälfte sind 8 vordere Backenzähne.

e) In beiden Kieferhälften zusammen sind es 10 hintere Backenzähne.

f) Im Unterkiefer befinden sich 6 und im Oberkiefer 4 hintere Backenzähne.

14 Mit allen Sinnen

1. Geruchssinn – Geburt – Beute – Riechzellen – Umwelt

2. Auch das **Hörvermögen** des Hundes ist dem der Menschen weit überlegen. Das Hundeohr nimmt Frequenzen von 70–100.000 Hz wahr, das Menschenohr dagegen nur 20–20.000 Hz. Das erklärt, warum Hunde eine sog. Hundepfeife hören, deren Töne eine so hohe Frequenz haben, dass sie für uns nicht mehr hörbar ist. Das Ohr besitzt 17 Muskeln, mit denen der Hund das Ohr in Richtung der Geräuschquelle drehen kann. Durch das Aufstellen und Drehen der Ohren und der Drehung des Kopfes peilt er Geräusche an. Damit ist sein Hörvermögen eine Stütze für das Auge, um Gegenständen oder Situationen zu sichten.

4. Die **Tasthaare (Vibrissen)** sind beim Hund nicht so lang wie bei der Katze. Sie sind starrer als die übrigen Körperhaare und reichen tiefer in die Haut. Die Vibrissen dienen als **Alarmsystem**, um Verletzungen oder Zusammenstöße zu verhindern. Beim Vorbeigehen an Gegenständen entstehen kleine Luftwirbel an den Vibrissen, sodass der Gegenstand selbst gar nicht berührt werden muss, um „Alarm" zu schlagen

15 Berufstätige Hunde

1. Rettung, Aufspüren, Blinde führen, Jagd

2.

	H	G			A			A	
W	U	E		R	B		D	R	G
O	N	H		O R H S		J A		B	O
E	D	O	A	T E I	O	F A	C	W	E T
L	**E**	**R**	**N**	**W**	**I**	**L**	**L**	**I**	**G**	**K**	**E**	**I**	**T**
F	S	U	I	C	F	U	N	D	E S T
E	A	B	L	H	E	T	D		L T
	M	I	D		E E			E	
		S			N N			N	

16   Jagdhunde

1. arbeitsfreudig, gehorsam, hart beim Einsatz, gelehrig, kräftig, guter Orientierungssinn, ruhig, sich leicht führen lassen, aufmerksam, ausdauernd

2. im Uhrzeigersinn: Golden Retriever – Whippet – English Cocker Spaniel – Jack Russel Terrier – Bayrischer Gebirgsschweißhund – Irish Setter

3. **1** zu Bayrischer Gebirgsschweißhund;   **2** zu Jack Russel Terrier   **3** zu Whippet;   **4** zu Irish Setter;   **5** zu Golden Retriever;   **6** zu English Cocker Spaniel

17   Servicehunde

1. v.l.n.r.: Blindenhund – Lawinenhund – Trümmersuchhund – Rettungshund im Wasser

2. Rasse: Die Rasse spielt keine Rolle. Es kann ein Rassehund oder auch ein Mischling sein. Er muss nur sehr gelehrig sein.

   Größe: Eine mittlere Größe wäre ideal. Eine Dogge oder ein Yorkshire hätte wegen der Größe manchmal Schwierigkeiten an Einsatzorten.

   Alter: Das Training beginnt im Welpenalter. Der Hund sollte bei Einsätzen jung sein, weil die Arbeit sehr anstrengend ist.

   Gewicht: Der Hund sollte schlank und in guter Kondition sein.

   Wesen: Er sollte nervenstark, nicht ängstlich, freundlich gegenüber Menschen und lernfreudig sein.

3. Wasserrettung: Person, bewusstlos, Hund, Ufer
   Trümmersuchhund: Menschen, schwierigsten, Vielzahl, Bellen, Hund
   Lawinensuchhunde: Einsatz, Hund, Suchtrupps, Scharren, Lawinen

4. Mantrailer werden z. B. schnell eingesetzt, wenn Kinder nach vielen Stunden noch nicht vom Spielplatz nach Hause gekommen sind oder bei Personen, die nach 2 bis 3 Tagen vermisst werden. Später ist die Spur schwächer geworden, sodass es für die Mantrailer schwieriger wird.

5. Weil man bei einem schnellen Einsatz zuverlässig weiß, in welche Richtung die Suchtrupps suchen müssen und so keine Zeit verloren geht.

6. Die Zeichensprache muss individuell sein, damit kein anderer Mensch dem Hund Kommandos geben kann. Das könnte für einen Gehörlosen auch einmal gefährlich werden.

7. Für Fußgänger können Elektroautos in Zukunft gefährlich werden, weil man sie nicht mehr hört. Hunde dagegen haben ein wesentlich feineres Gehör und würden schon das leiseste Geräusch an einem Elektroauto hören.

Lernwerkstatt WOLF, HUND & CO
Die Familie der Hunde näher beleuchtet   –   Bestell-Nr. 11 862

23 Die Lösungen

18 Hirtenhunde

1. Der Deutsche Schäferhund – Der Hirtenhund

Der Komondor – Der Herdenschutzhund

Der Shetland Sheepdog (Sheltie) – Der Hütehund

19 Diensthunde

1. 1 – C;   2 – F;   3 – G;   4 – E;   5 – D;   6 – B;   7 – A

2. **a)** Ein Drogenspürhund spürt Drogen in Autos, Koffern (Flughafen / Bahn), Paketen, Briefen oder an Personen auf.

b) Ein Sprengstoffspürhund spürt Sprengstoff, Waffen und Munition auf.

c) Ein Personensuchhund setzt sich auf den Geruch (Spür) eines verschwundenen Menschen.

d) Ein Geldmittelspürhund kann Geld riechen und damit z. B. die Beute von Einbrechern finden.

e) Ein Leichenspürhund sucht den Toten, wenn z. B. ein Mörder ihn irgendwo verscharrt hat und der Polizei nicht sagen will, wo er sein Opfer vergraben hat.

f) Ein Schutzhund verfolgt Täter, stellt sie und hält sie fest.

g) Ein Brandmittelspürhund riecht ein Brandmittel, dass eingesetzt wurde, um einen Brand zu verursachen und zu beschleunigen.

3. **a)** Der Drogenspürhund hat sich nicht geirrt. Findet sein Hundeführer keine Drogen, heißt das, dass in dem Auto Drogen transportiert wurden. Das riecht der Hund noch lange, auch wenn jetzt keine Drogen gefunden werden.

b) Um Drogen zu finden, braucht man sehr gelehrige und riechstarke Hunde. Darum können das auch kleinere Hunde und auch Mischlinge sein.

20 Gesellschaftshunde

1. Die Menschen mögen an Gesellschaftshunden kleine Hunde, die sie auf den Arm nehmen können, große Augen, kurze Nasen und runde Gesichter. Je mehr der Kopf dem runden Kopf eines menschlichen Kleinkindes ähnlich ist, desto „süßer" findet man die Hunde. Das nennt man „Kindchenschema".

2. Da Gesellschaftshunde ständige Begleiter sind, empfinden sie manche Besitzer als Kinder und ziehen sie wie Kleinkinder an. In Amerika gibt es extra Shops für Hundekleidung.

4. Pudel – Chihuahua – Pekingese (Pekinese) – Französische Bulldogge

21 Hundesport

1. 1 – Windhundrennen;   2 – Agility;   3 – Dog Frisbee;   4 – Flyball

Lernwerkstatt WOLF, HUND & CO – Die Familie der Hunde näher beleuchtet – Bestell-Nr. 11 862